D1085282

Électricité et magnétisme

Terry Jennings
Illustré par **David Anstey**

TABLE DES MATIÈRES

EH Héritage jeunesse

AIMANTS

Il y a très longtemps en Grèce, les gens ont trouvé une étrange pierre. Elle avait le pouvoir de ramasser de petites pièces en fer, qui venaient se coller sur elle. On l'appelait *aimant naturel*.

Au XVIe siècle, William Gilbert a découvert que si l'on frottait une pièce en fer avec un aimant naturel, à son tour, cette pièce ramasserait des petits bouts de fer. La pièce est ainsi devenue un *aimant*. Aujourd'hui, on trouve des aimants de toutes formes et de toutes tailles. La plupart d'entre eux sont faits à partir du fer ou de l'acier. L'acier est lui-même essentiellement fait à partir du fer.

TROUVE L'AIMANT

Beaucoup d'objets utilitaires dans la maison contiennent des aimants. Regarde les dessins plus bas. Où se trouve l'aimant dans chaque objet? À quoi sert-il?

Y a-t-il des aimants chez toi? Si oui, à quoi servent-ils? As-tu encore une idée des endroits où l'on utilise des aimants?

Dresse une liste de toutes les choses qui, dans ta maison ou à l'école, ont des aimants.

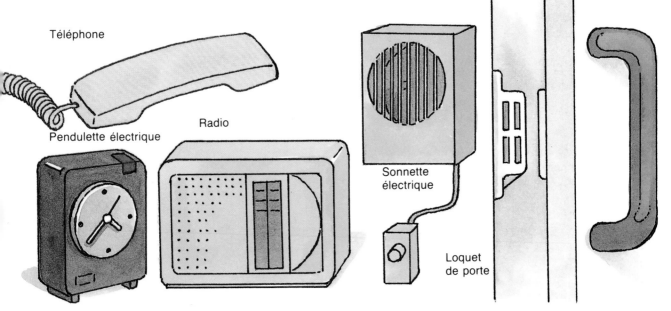

Téléphone

Pendulette électrique

Radio

Sonnette électrique

Loquet de porte

QU'EST-CE QUE LES AIMANTS ATTIRENT?

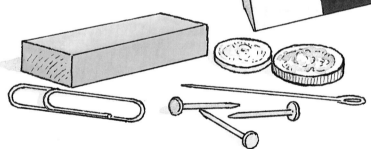

Quand un aimant ramasse une épingle ou un petit clou, on dit qu'ils sont *attirés* par l'aimant. L'aimant perturbe tout l'espace autour de lui, tirant vers lui les objets *magnétisés*. On parle du *champ magnétique*.

Place ton aimant tour à tour près de chacun des objets. Lesquels sont attirés?

Trouve ce qu'un aimant peut encore attirer en faisant l'expérience suivante.

Il te faut: un aimant, des pièces de monnaie, des petits clous, un peigne en plastique, un verre, des trombones, des aiguilles à coudre, des morceaux de bois.

Fais un tableau comme celui-ci. Regarde les choses qui ont été attirées. En quoi sont-elles faites? Qu'y a-t-il à l'intérieur de ces choses?

Attiré	Non attiré

Terre magnétique

Si on coupait la Terre en deux, on pourrait voir que le noyau (centre) est constitué de métaux qui sont essentiellement du fer. Ces métaux agissent comme un aimant géant, entourant la Terre d'un champ magnétique.

Comme un aimant, la Terre a un pôle sud et un pôle nord (voir page 10).

Tu peux voir un champ magnétique par toi-même.

1 Mets un papier au-dessus d'un aimant.

2 Sème de la limaille dessus. Tapote la feuille.

La limaille va former un dessin qui délimitera le champ magnétique. Pourquoi y a-t-il plus de limaille aux extrémités de l'aimant? Tu trouveras la réponse à la page 9.

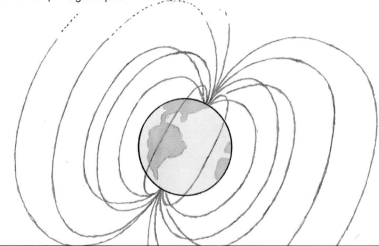

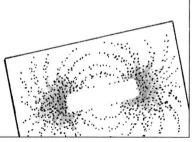

FORCE MAGNÉTIQUE

La plupart des aimants sont en fer ou en acier. Les objets qu'ils attirent sont aussi en fer ou en acier, ou du moins ils en contiennent.

Certains aimants attirent des objets plus facilement que d'autres. On dit que leur *force magnétique* est plus grande. Ils gardent aussi leur puissance magnétique plus longtemps. Ils sont en principe faits d'acier spécial ou d'autres métaux magnétiques. Le cobalt et le nickel sont aussi magnétiques. Certains aimants sont puissants, d'autres sont faibles. Mesure la force de ton aimant en faisant l'expérience suivante.

CHAÎNE MAGNÉTIQUE

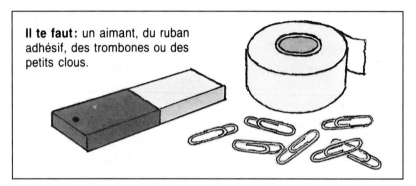

Il te faut : un aimant, du ruban adhésif, des trombones ou des petits clous.

3 Maintenant accroche-les à deux centimètres du bord de ton aimant. Combien vas-tu pouvoir en accrocher ?

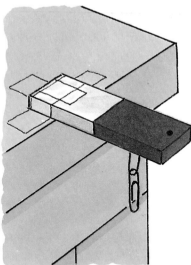

1 Mets l'aimant sur le bord d'une table. Fixe-le solidement d'un côté avec l'adhésif.

2 Suspends des trombones au bout de ton aimant. Combien peux-tu en mettre les uns après les autres ?

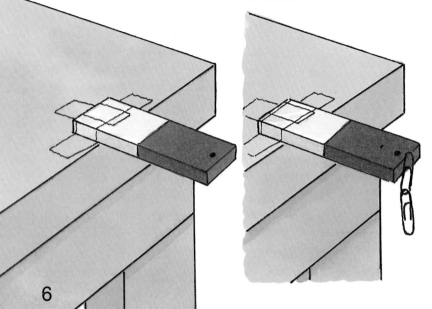

Essaye encore, en éloignant de plus en plus les trombones de l'extrémité de l'aimant. Que remarques-tu ?

Fais un concours avec tes amis. Utilise toujours les mêmes trombones ou clous. Qui a l'aimant le plus puissant ?

FAIRE SAUTER UNE ÉPINGLE

Une autre manière de tester la puissance d'un aimant est de voir s'il peut faire sauter une épingle très haut.

1 Étale un journal sur la table et mets une brique dessus. Fixe l'aimant sur la brique.

2 Pose une épingle sur le papier journal juste en dessous de l'aimant. Est-ce qu'elle saute? Si non, mets un livre sous l'épingle, et ainsi de suite jusqu'à ce qu'elle saute.

3 Mesure à quelle hauteur ton épingle a sauté.

AIMANTS MAGIQUES

Nous avons vu que le magnétisme pouvait se répandre dans l'air. Qu'est-ce qu'il peut encore traverser? Essaye de trouver toi-même.

Il te faut: un aimant, du carton épais, un récipient en plastique, des petits morceaux de bois, un verre, des trombones, des petits clous.

1 Mets les trombones et les clous sur le carton.

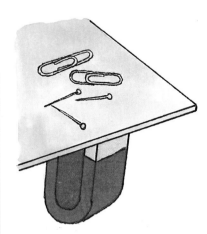

2 Fais bouger l'aimant dessous. Est-ce que les objets bougent?
  Essaye encore en utilisant le récipient, le verre et les morceaux de bois. Le magnétisme les traverse-t-il tous?

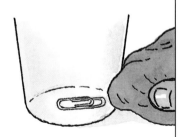

7

FAIRE UN AIMANT

Quand un objet est attiré par un aimant, il est _magnétisé_. Ce qui signifie qu'il va pouvoir à son tour agir comme un aimant et attirer des objets en fer ou en acier.

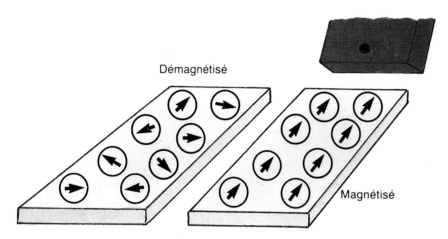

Démagnétisé

Magnétisé

Quand une pièce en acier ou en fer touche un aimant, elle devient un aimant à son tour. Une pièce d'acier ou de fer est constituée de millions de petits aimants qui partent dans toutes les directions. Quand un grand aimant est tout près, tous les petits aimants pointent dans la même direction, l'acier ou le fer sont alors magnétisés.

NOUVEAUX AIMANTS

Si tu as un aimant, tu pourras assez facilement en faire un autre.

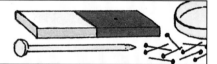

Il te faut: un aimant, un grand clou, un récipient en plastique, des épingles.

1 Pose le clou sur la table et frotte-le soigneusement avec ton aimant 20 fois de suite. Chaque fois frotte-le avec la même extrémité de l'aimant et dans la même direction.

2 Remplis ton récipient d'épingles. Mets le clou près des épingles. Va-t-il en attirer? Si oui, combien? Ton clou est-il un aimant?

Si tu continues de frotter ton clou avec ton aimant, ramassera-t-il encore plus d'épingles?

Tu as fait un aimant de ton clou d'acier. Qu'est-ce que tu peux encore transformer en aimant? Il peut être utile d'avoir un tournevis qui soit aimanté. Peux-tu essayer?

DANSE DES PAPILLONS

Voilà une manière très drôle de tester ton nouvel aimant.

Il te faut: du papier, des crayons de couleur ou de la peinture, du papier rigide, du ruban adhésif, des trombones, des ciseaux.

1 Dessine un grand papillon sur la feuille de papier. Colorie-le ou peins-le.

2 Découpe ton papillon et fixe un trombone dessous.

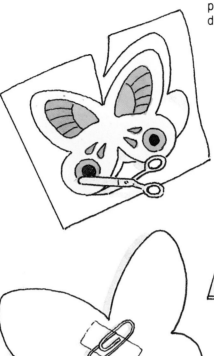

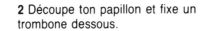

3 Pose le papillon sur le papier rigide, tiens un aimant sous ce papier, juste en dessous du papillon. Bouge l'aimant pour déplacer le papillon.

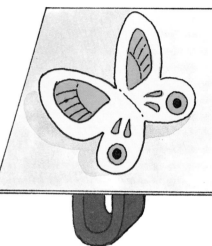

Demande à tes amis de deviner comment ton papillon magique fonctionne.

Attraction magnétique

Est-ce que l'attraction magnétique d'un aimant est partout identique? Tu peux tester cela très simplement.

1 Sème des épingles ou des pointes partout sur une feuille de papier journal et fais rouler ton aimant sur elles. Où les épingles et les pointes se sont-elles surtout fixées? Aux extrémités ou au milieu de l'aimant? Les épingles et les pointes se sont-elles fixées tout le long de l'aimant?

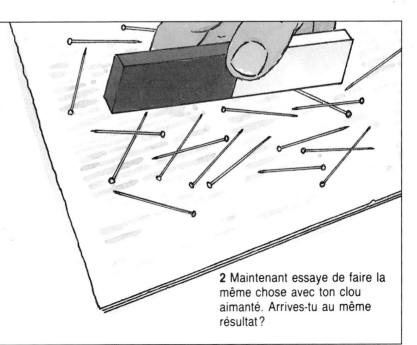

2 Maintenant essaye de faire la même chose avec ton clou aimanté. Arrives-tu au même résultat?

PÔLES MAGNÉTIQUES

As-tu remarqué que les clous, les pointes et les trombones s'accrochaient plus facilement à certains endroits de l'aimant? On appelle ces endroits les *pôles* de l'aimant.

Où sont les pôles de l'aimant dont tu t'es servi? Il y a deux pôles à chaque aimant: le pôle nord, qui est souvent marqué ou coloré, et le pôle sud.

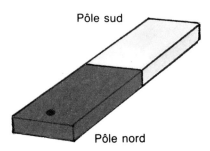

Pôle sud

Pôle nord

ENSEMBLE OU NON

Quelque chose d'inhabituel se produit quand deux aimants sont mis en présence. Fais-en l'expérience.

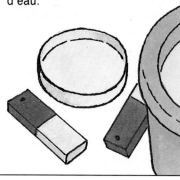

Il te faut: un récipient en plastique, deux aimants, un bol d'eau.

1 Fais flotter le récipient dans le bol d'eau.

2 Pose un aimant dans le récipient et attends jusqu'à ce que le récipient ne bouge plus.

3 Amène doucement le pôle nord d'un autre aimant près du pôle nord de l'aimant flottant. Que se passe-t-il?

4 Approche le pôle sud de ton aimant près du pôle sud de l'aimant flottant. Se passe-t-il la même chose?

5 Finalement, approche le pôle nord du pôle sud. Puis inversement, le pôle sud du pôle nord. Qu'arrive-t-il dans ces deux tests?

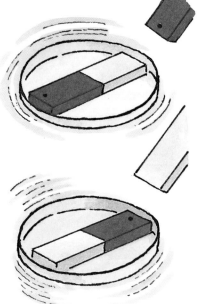

Il est facile de magnétiser un objet en fer ou en acier. Quand tu fais un nouvel aimant, tu n'affaiblis pas le premier. L'énergie nécessaire pour ce nouvel aimant vient de tes muscles. Pourquoi les aimants perdent-ils de leur force? Essaye de trouver la réponse en faisant l'expérience suivante.

PUISSANCE PERDUE

Il te faut: un grand clou, un aimant, un bloc de bois, des petits clous.

1 Magnétise le clou en le frottant avec ton aimant. Vérifie sa puissance en comptant le nombre de clous qu'il peut ramasser.

2 Frappe ton nouvel aimant très fort contre le bloc de bois, dix fois de suite. Ou laisse-le tomber par terre dix fois. Ensuite tu peux vérifier si sa puissance a changé.

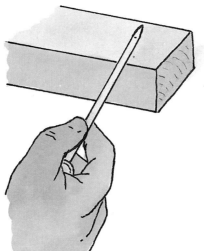

Que se passe-t-il si tu frappes ou que tu laisses tomber ton aimant encore dix fois?

Cela te montre qu'il faut toujours se servir d'un aimant avec soin. Le chauffer l'affaiblit aussi. Ne le mets jamais près d'une flamme.

Prendre soin des aimants

Les aimants s'affaiblissent aussi s'ils ne servent pas. C'est pourquoi, quand tu en achètes un, il est généralement vendu avec un morceau de fer, le gardien, qui entretient le magnétisme de ton aimant. Si tu perds ce «gardien», sers-toi d'un clou. Range toujours tes aimants avec ce gardien pour qu'ils gardent leur force.

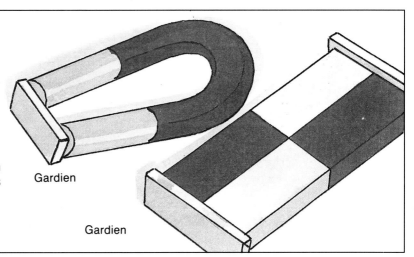

Gardien

Gardien

JOUETS MAGNÉTIQUES

Si tu approches deux pôles sud ou deux pôles nord, ils se *repousseront*. Le nord et le sud ou le sud et le nord vont s'attirer l'un l'autre.

Les deux pôles nord et sud vont attirer des objets de fer ou d'acier.

On va se servir du fait que les aimants peuvent s'attirer ou se

repousser pour créer des jouets magnétiques.

CONDUIRE TA VOITURE

Il te faut : une grande feuille de papier rigide, des crayons ou des crayons de couleur, deux petites voitures en plastique, deux clous, deux petits bâtons, deux aimants, du ruban adhésif, des livres.

2 Fixe un clou sous chaque voiture et place les voitures sur ton plan.

3 Fixe un aimant sur chaque bâton. Tiens tes bâtons sous le carton.

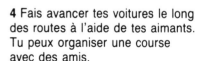

4 Fais avancer tes voitures le long des routes à l'aide de tes aimants. Tu peux organiser une course avec des amis.

1 Dessine des routes sur ton grand carton. Fais beaucoup de croisements et de jonctions. Pose ce carton sur quatre piles de livres. Assure-toi de pouvoir glisser ta main par-dessous.

PÊCHE À LA LIGNE

Il te faut : un carton plat, des crayons de couleur ou de la peinture, des ciseaux, des trombones, deux bâtonnets de sucettes glacées, de la ficelle, deux aimants.

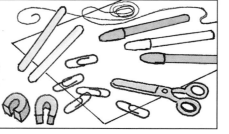

1 Découpe quelques poissons que tu colories. Attache un trombone à chacun d'eux. Écris des chiffres sur tes poissons.

2 Attache le fil au bout des bâtonnets et un aimant à l'autre bout de la ficelle. Tu as maintenant deux cannes à pêche magnétiques.

3 Avec tes amis, pêchez chacun votre tour. Additionnez les nombres sur les poissons que vous attrapez. Le gagnant est celui qui a le plus de points.

EN BATEAU

Il te faut : plusieurs bouchons de liège, des punaises, du papier, des petites épingles, du ruban adhésif, une cuvette d'eau.

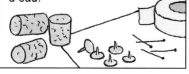

1 Demande à une grande personne de couper les bouchons en deux. Plante une punaise sous chaque demi-bouchon (côté arrondi).

2 Plante une épingle au milieu du côté plat de tes bateaux. Coupe de petits triangles de papier pour les voiles que tu fixes sur l'épingle.

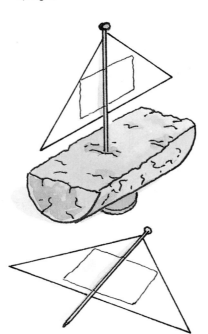

3 Fais flotter tes bateaux dans la cuvette d'eau. Utilise tes cannes à pêche magnétiques pour faire tourner les bateaux dans la cuvette.

Tu peux faire des courses de bateaux.

13

TROUVER SON CHEMIN

Il y a longtemps, les Chinois ont découvert qu'un aimant naturel, fixé à une ficelle, pointait toujours vers le nord et le sud. C'était la première *boussole*.

Les boussoles aident les gens à trouver leur chemin. Les navires et les avions en ont pour trouver leur route en mer ou dans les airs. Les gens qui se promènent en montagne et dans les déserts ont aussi besoin de boussoles.

Découvre ci-dessous comment faire une boussole simple.

DÉ À COUDRE ET BOUSSOLE

Il te faut: un aimant, un grand bouchon de liège, de la pâte à modeler, un dé à coudre en plastique, deux aiguilles.

1 Mets une aiguille dans le bouchon et pose le dé en équilibre dessus.

2 Magnétise la deuxième aiguille. Avec de la pâte à modeler, fixe-la sur le dé.

3 Tiens-toi dans ton jardin et essaye de trouver, à l'aide de cette boussole, comment les constructions autour de toi sont orientées.

Boîtes très spéciales

Approche un morceau d'acier de ta boussole «maison». Que se passe-t-il? Indique-t-elle toujours le nord? Pourquoi crois-tu que les vraies boussoles ont des boîtes en cuivre, en bois ou en plastique?

BOUSSOLE FLOTTANTE

Il te faut: un aimant, un grand bouchon de liège, une soucoupe d'eau, une grande aiguille à coudre, quatre étiquettes adhésives.

1 Demande à un adulte de te couper une fine tranche de liège que tu fais flotter dans la soucoupe.

2 Magnétise l'aiguille et pose-la délicatement sur le liège.

Une extrémité de l'aiguille doit indiquer le nord, l'autre le sud. Demande à un adulte de t'aider, ou vérifie avec une vraie boussole.

3 Écris N (pour nord), S (pour sud), E (pour est) et O (pour ouest) sur les quatre étiquettes. Colle-les au bon endroit sur la soucoupe.

4 Utilise ta boussole pour dire dans quelle direction se trouve ton école par rapport à ta maison.

CHASSE AU TRÉSOR

1 Dessine une carte de ton jardin et indique où tu vas cacher le trésor, note aussi les indices qui y conduisent. Indique le point de départ (X).

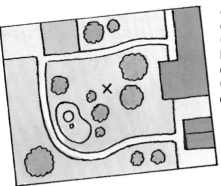

2 Place-toi au départ avec ta boussole. Tourne-toi vers l'endroit où tu as décidé de cacher tes indices. Écris alors la direction sur un morceau de papier — ce sera ton premier indice.

3 Marche vers la première cachette et compte le nombre de pas. Ajoute cela au premier indice. Indique l'endroit — c'est là où tu cacheras ton deuxième indice.

4 Avec ta boussole trouve la direction de ton deuxième indice. Compte les pas. Écris à nouveau la direction et le nombre de pas, ce sera ton deuxième indice. Cache-le dans la première cachette.

5 Répète cette opération jusqu'à la position du trésor, ce sera ton troisième indice que tu caches dans la deuxième cachette. N'oublie pas de cacher le trésor!

6 Donne le premier indice et la boussole à tes amis. Combien de temps vont-ils mettre pour trouver le trésor?

AIMANTS ET ÉLECTRICITÉ

Il existe une autre sorte d'aimant qui utilise l'*électricité*. C'est l'*électro-aimant*. Il ne peut fonctionner que si le courant est mis. Il perd son magnétisme dès qu'on coupe l'électricité.

Tu peux voir ci-dessous quelques objets familiers qui font appel à des électro-aimants à la maison, au bureau et dans les usines.

ÉLECTRO-AIMANT

Il te faut : un grand boulon, un fil électrique recouvert de plastique (1 m), une pile (4½), un plat de petits clous.

1 Enroule le fil soigneusement sur tout le boulon environ 10 fois.

2 Relie les deux extrémités du fil à la pile.

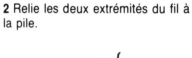

3 Tiens une extrémité du boulon dans le plat de petits clous, puis retire-la. Combien de clous se sont accrochés ?

4 Enlève le fil de la pile. Fais dix tours de plus autour du boulon et relie encore le fil à la pile.

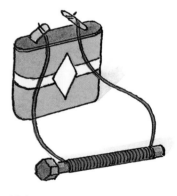

Mais continue à dérouler le fil et teste ensuite la puissance de ton électro-aimant. Que se passe-t-il ? Si tu veux faire une aiguille pour ton électro-aimant, tu trouveras comment à la page 21.

Combien de clous vas-tu ramasser avec ton électro-aimant cette fois ?

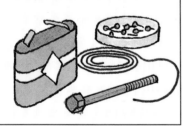

Demande à un adulte de retirer la protection en plastique aux deux extrémités du fil.

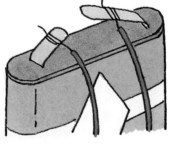

MAQUETTE DE MANÈGE

Tu peux utiliser ton électro-aimant
pour cette expérience.

Il te faut : le couvercle d'un
contenant de crème glacée en
carton, le bouchon d'un tube de
dentifrice, un bouchon de liège,
une grande aiguille à coudre ou
du fil électrique rigide, des
trombones, des pinces ou des
gants, de la colle, des crayons
de couleur.

1 Avec les gants ou la pince,
enfonce l'aiguille au milieu du
bouchon de liège.

2 Colle le petit bouchon au milieu
du couvercle. Colorie l'autre côté
du couvercle, fixe les trombones
tout autour. Pose le couvercle en
équilibre sur l'aiguille.

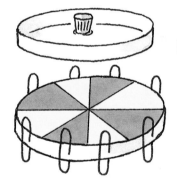

3 Tiens ton électro-aimant près
d'un trombone. Mets l'électricité
quand le trombone tourne.
Continue ainsi à chaque trombone.

Tu vas vite trouver comment
faire tourner ton manège sans
arrêt.

Grue

On utilise des électro-aimants
dans les décharges pour trier
le métal. L'électro-aimant est
alors fixé à une grue spéciale.
Quand il y a du courant, la
grue ramasse l'acier, le fer ;
quand il s'arrête, la grue
lâche le métal.

OBJECTIF SCIENCE

ÉLECTRICITÉ

La plupart de l'électricité que nous utilisons dans nos maisons, nos écoles, nos magasins et nos usines provient d'une *centrale électrique*.

Tu peux voir comment l'électricité parvient aux bâtiments de ta région. Dans ces centrales, on utilise du fuel pour chauffer l'eau et la transformer en vapeur. La vapeur fait tourner une grande hélice, la *turbine*. La turbine entraîne le *générateur* qui produit de l'électricité. Le générateur est une sorte de grande *dynamo* comme celle qui produit la lumière sur les bicyclettes. Tu peux voir comment à la page 28.

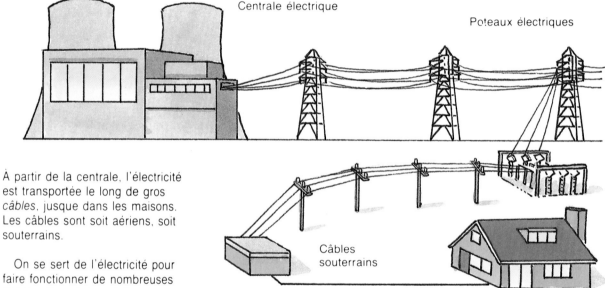

Centrale électrique

Poteaux électriques

À partir de la centrale, l'électricité est transportée le long de gros *câbles*, jusque dans les maisons. Les câbles sont soit aériens, soit souterrains.

Câbles souterrains

On se sert de l'électricité pour faire fonctionner de nombreuses choses. En voici neuf. Les connais-tu?

Les *piles* produisent aussi de l'électricité. Regarde de quelle manière à la page suivante.

Ne joue JAMAIS avec des prises, des fils ou l'électricité, tu pourrais mourir.

Piles

Collectionne des piles usées. Regarde-les bien. Chacune a deux *bornes* qui sont les endroits où l'électricité sort de la pile et y retourne.

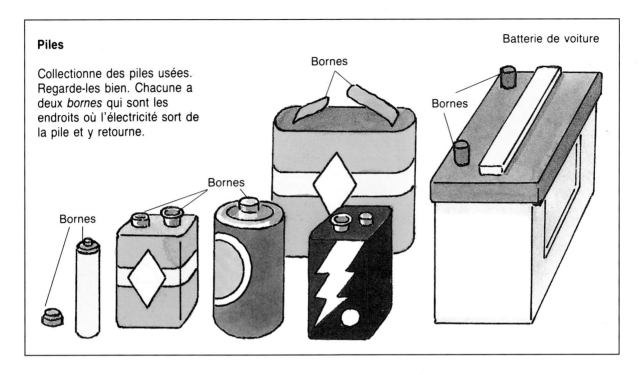

Batterie de voiture

Bornes

Bornes

Bornes

Bornes

LAMPES DE POCHE

Il te faut : une lampe de poche, une feuille cartonnée, un morceau de plastique fin, une pièce de monnaie.

2 Mets un morceau de carton entre les piles. Allume ta lampe. Fonctionne-t-elle ?

Les lampes de poche reçoivent leur énergie de piles. Devine combien de piles il y a dans ta lampe.

1 Démonte ta lampe de poche. Vois-tu toutes les parties dessinées sur l'illustration ? Avais-tu trouvé le bon nombre de piles ? Remonte ta lampe. Assure-toi qu'elle fonctionne bien.

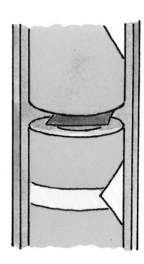

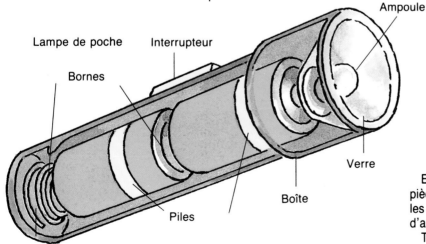

Lampe de poche

Interrupteur

Ampoule

Bornes

Verre

Boîte

Piles

Ressort

Essaye de mettre une petite pièce de monnaie en bronze entre les piles, ou du plastique ou d'autres matériaux.

Tu peux faire une liste et voir ce qui laisse passer le courant ou non.

CIRCUITS ÉLECTRIQUES

L'électricité circule dans des fils électriques comme l'eau dans un tuyau. Pour que l'électricité sorte de la pile, il lui faut un chemin — un fil par exemple — pour se déplacer.

Le fil doit aller d'une borne de la pile à l'autre. Cette boucle est appelée un *circuit*. S'il y a une rupture dans le circuit, l'électricité ne peut plus circuler.

ÉCLAIRE L'AMPOULE

Peux-tu éclairer l'ampoule de ta lampe de poche avec un seul fil et une pile? Le dessin t'explique comment.

Il te faut: une ampoule avec support, une pile, deux longueurs de fil électrique.

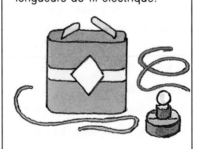

Assure-toi que les deux extrémités du fil sont dénudées.

1 Enroule chacun des fils autour de chaque borne de la pile.

2 Fixe les deux autres extrémités aux vis du support de l'ampoule.

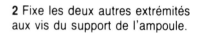

Borne

Borne

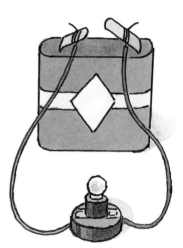

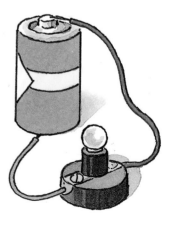

Tu trouveras dans l'expérience suivante comment faire pour que les deux extrémités du fil touchent l'ampoule et la pile, pour que tu ne sois pas obligé de les tenir.

ALLUMÉ OU ÉTEINT

Pour allumer ou éteindre le courant facilement et économiser ta pile, tu peux faire un *interrupteur*.

Il te faut: un petit morceau de bois, deux punaises, deux fils électriques plastifiés, un trombone.

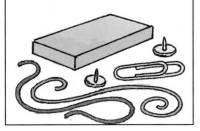

1 Enfonce les punaises dans le bois à mi-chemin.

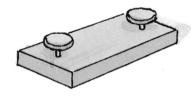

2 Enroule l'extrémité dénudée de chaque fil autour des punaises.

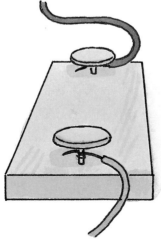

3 Plie le trombone autour d'une punaise.

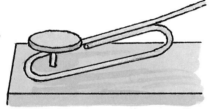

4 Enfonce maintenant les punaises dans le bois le plus possible. Attache ensuite les fils à la pile comme précédemment.

5 Pour compléter ce circuit, fais en sorte que le trombone touche l'autre punaise.

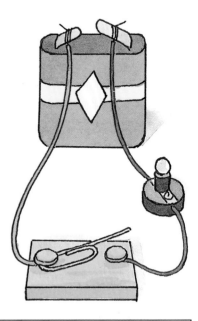

Alarme

Tu peux modifier le système précédent pour en faire une alarme contre les voleurs.

1 Plie un morceau d'aluminium épais vers le haut.

2 Place l'interrupteur sous le paillasson près de la porte. Quand quelqu'un marchera sur le paillasson, le morceau d'aluminium se repliera sur la punaise et complètera ainsi le circuit: la lampe s'allumera. Mets la lumière assez loin de la porte.

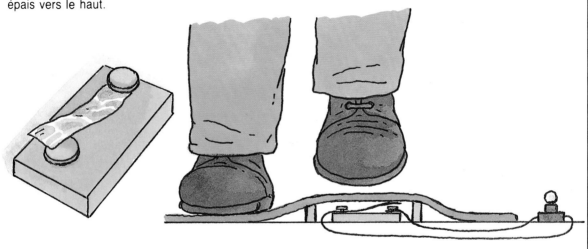

CONDUCTEURS ET ISOLANTS

Certains matériaux laissent circuler l'électricité facilement. On les appelle les *conducteurs*. **D'autres arrêtent l'électricité. Ce sont les** *isolants*.

Trouve les matériaux isolants et conducteurs en faisant l'expérience suivante.

Tournevis électrifié

Partie métallique

Poignée isolée

MISE EN MARCHE ET ARRÊT

Il te faut: un morceau de bois, deux punaises, une ampoule avec support, trois longueurs de fil, une pile, un tournevis.

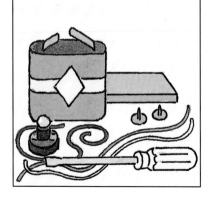

1 Enfonce deux punaises dans le bois et fixes-y les fils. Enroule une extrémité d'un des fils autour d'une borne de la pile et l'autre extrémité à une des vis du support de l'ampoule.

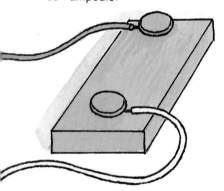

Relie le troisième fil au support de l'ampoule et à la borne de la pile.

Tu as un circuit avec une rupture entre les punaises. La lampe ne pourra pas s'allumer.

2 Pose la pointe de ton tournevis entre les deux. Que se passe-t-il?

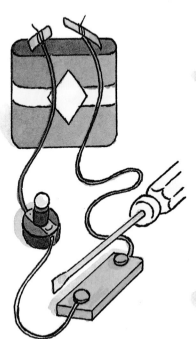

Maintenant pose la poignée du tournevis sur les punaises. La lampe s'allume-t-elle?

Vérifie TOUJOURS que tes connexions sont solides.

3 Pose des choses en bois, en métal, en verre, en plastique, en tissu ou en tout autre matériau entre les deux punaises. Lesquels sont des isolants?

Fais une liste des isolants et des conducteurs.

RHÉOSTAT

Certains matériaux n'empêchent pas l'électricité de passer complètement, comme la mine de plomb du crayon qui est en fait du graphite. Tu peux t'en servir pour faire un rhéostat.

Il te faut: une pile, une ampoule avec support, un vieux crayon, trois morceaux de fil, un trombone.

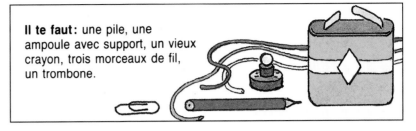

1 Fixe les fils à la pile et au support de l'ampoule.

3 Fixe une extrémité du fil à la mine du crayon avec un trombone. Appuie l'autre extrémité du fil sur la mine assez près de la première. Que se passe-t-il?

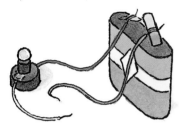

2 Demande à une grande personne d'enlever la moitié du bois de ton crayon.

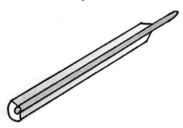

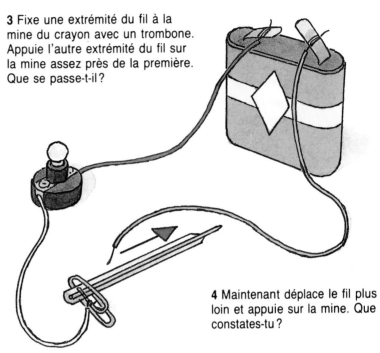

4 Maintenant déplace le fil plus loin et appuie sur la mine. Que constates-tu?

Fils électriques

Les conducteurs servent à transporter le courant où on en a besoin. L'intérieur de ces fils et câbles est conducteur. Par contre les isolants sont utilisés pour éviter que le courant aille là où l'on ne veut pas. Les fils et les câbles sont recouverts d'isolants, comme les prises et les douilles.

Sur les poteaux électriques on utilise des isolants comme la faïence.

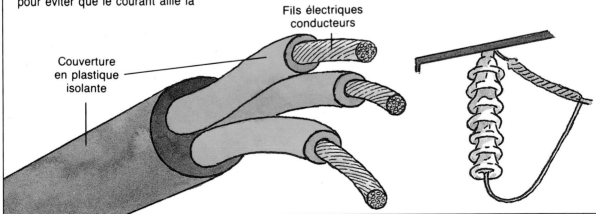

Couverture en plastique isolante

Fils électriques conducteurs

LUMIÈRES VIVES

Quelquefois on utilise plus d'une ampoule à la fois. Les lumières de Noël sont un ensemble de petites lampes, reliées entre elles, qui reçoivent le courant d'une prise commune.

Découvre ce qui se passe quand on utilise plus d'une ampoule ou d'une pile à la fois dans un circuit.

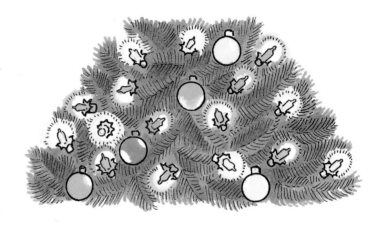

GUIRLANDE DE LUMIÈRES

Il te faut : trois ampoules avec supports, quatre longueurs de fil isolé, une pile.

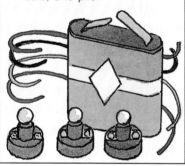

1 Fais un circuit avec une seule ampoule. La lumière est-elle vive ou non?

2 Ajoute une autre ampoule, en utilisant un troisième fil. Les lampes s'allument-elles?

3 Ajoute une troisième ampoule. Sont-elles plus ou moins vives que lorsque tu n'avais qu'une seule ampoule?

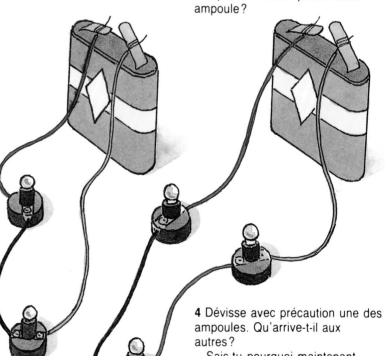

4 Dévisse avec précaution une des ampoules. Qu'arrive-t-il aux autres?

Sais-tu pourquoi maintenant lorsqu'une ampoule ne fonctionne plus, les autres s'éteignent en même temps dans les sapins de Noël?

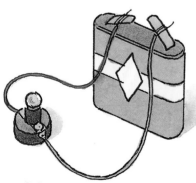

FEUX DE SIGNALISATION

Quand les ampoules partagent la même source d'énergie d'une pile, elles ont une lumière plus pâle. Si tu enlèves une ampoule, tu romps le circuit et toutes les lumières s'éteignent. Il y a un autre moyen de le faire en gardant un circuit pour chaque ampoule. On l'appelle le circuit parallèle. On l'utilise pour les feux de signalisation.

Il te faut : deux morceaux de bois, une pile, sept longueurs de fil, trois ampoules avec supports, six vis, de la colle à bois, quatre punaises, deux trombones, de la peinture.

1 Demande à une grande personne de visser tes lampes sur un morceau de bois. Colle le deuxième morceau de bois au premier.

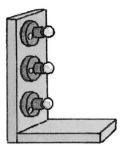

2 Peins les ampoules en rouge, vert et orange.

3 Fais un double interrupteur en utilisant les quatre punaises. Relie l'interrupteur et les lampes à la pile comme sur le dessin.

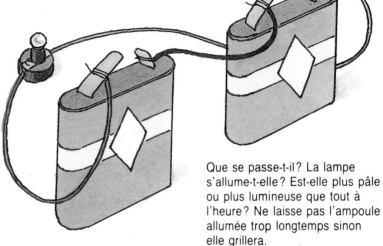

4 Allume les deux interrupteurs. Les lampes fonctionnent-elles ? Peux-tu les utiliser comme des feux de signalisation ?

Énergie supplémentaire

Que se passe-t-il si tu fais un circuit avec deux piles ? Essaye.

1 Fais d'abord un circuit avec une seule pile. Note la luminosité de l'ampoule.

2 Ajoute une autre pile en t'assurant que les deux piles sont bien positionnées.

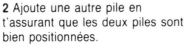

Que se passe-t-il ? La lampe s'allume-t-elle ? Est-elle plus pâle ou plus lumineuse que tout à l'heure ? Ne laisse pas l'ampoule allumée trop longtemps sinon elle grillera.

LUMIÈRE «MAISON»

La lumière vient de l'électricité qui flotte dans l'ampoule. L'électricité chauffe le *filament*, ce qui le fait produire cette belle lumière blanche. Dans l'ampoule, il y a un gaz spécial pour éviter que le filament ne brûle.

Une autre sorte de lumière est celle produite par les néons. Dans ce type de lampe, l'électricité traverse des gaz spéciaux qui émettent des rayons.

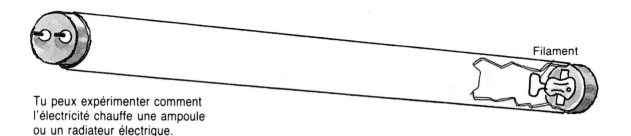

Filament

Tu peux expérimenter comment l'électricité chauffe une ampoule ou un radiateur électrique.

CHAUFFAGE ÉLECTRIQUE

Il te faut: un carré en bois, deux clous, un marteau, un fil de cuivre (1 m), une pile, trois longueurs de fil électrique, un interrupteur.

1 Enfonce les deux clous dans le bois.

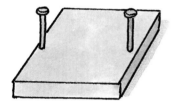

2 Enroule le fil de cuivre autour d'un crayon avec soin de façon à recouvrir toute la surface du crayon sans jamais le faire se chevaucher.

3 Ressors ton crayon avec grand soin afin que le fil reste enroulé comme un ressort.

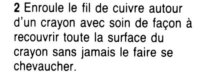

4 Relie les deux clous avec ce rouleau.

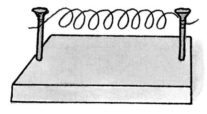

5 Relie le reste du circuit avec la pile, l'interrupteur et les fils électriques.

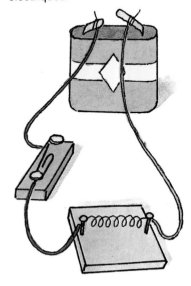

Allume le courant. Regarde attentivement. Que remarques-tu? Mets un doigt près du rouleau. NE LE TOUCHE PAS. Que constates-tu?

ÉNERGIE ACIDE

On peut aussi produire de l'électricité à partir de produits chimiques comme ceux que l'on trouve dans les piles.

Le courant produit sera faible, aussi devons-nous faire un détecteur de *courant* électrique.

Il te faut : une très petite boîte de carton, une petite boussole, du fil électrique fin, une pile, un citron, un morceau de zinc, une pièce de monnaie en cuivre.

1 Mets la petite boussole magnétique dans le carton.

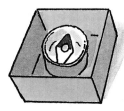

2 Enroule le fil avec soin autour du carton entre 30 et 50 fois.

Laisse un peu de place pour voir ce que fait l'aiguille de la boussole.

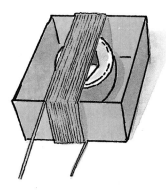

3 Relie le détecteur à la pile. Regarde ce que fait l'aiguille. Elle se balance d'avant en arrière.

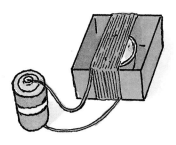

4 Fais deux rainures dans la peau du citron. Enfonce la pièce de monnaie en cuivre dans une des fentes et le morceau de zinc dans l'autre. Les deux métaux ne doivent pas se toucher.

5 Tiens l'extrémité dénudée d'un des fils du détecteur contre la pièce en cuivre, et l'extrémité dénudée de l'autre fil contre le zinc.

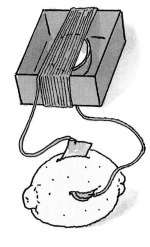

Observe ce qui se passe. Regarde l'aiguille de la boussole. As-tu produit du courant électrique ?

Essaye la même chose en utilisant une pomme de terre à la place du citron. Ou mets les deux métaux dans une petite bouteille de vinaigre. Que se passe-t-il ?

Fusibles

Ce sont de petits fils installés dans les machines électriques, les prises et les boîtes à fusibles de la maison. Si quelque chose ne va pas bien, le fil du fusible fond. Cela provoque une rupture dans le circuit et le courant ne passe plus.

Un coupe-circuit est un interrupteur de sécurité. S'il se produit un incident dans le circuit, le courant est aussitôt coupé. Il faut alors soit réparer une prise, une douille soit remplacer un *fusible*.

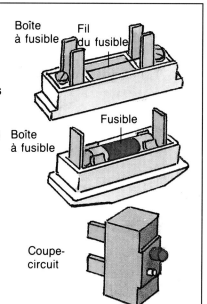

Boîte à fusible

Fil du fusible

Fusible

Boîte à fusible

Coupe-circuit

PRODUIRE DE L'ÉLECTRICITÉ

Une des découvertes les plus importantes a été celle de Michael Faraday en 1831. Il a remarqué que, lorsque l'on faisait bouger un aimant près d'un rouleau de fil, un courant se produisait. C'est ce qui a conduit à l'invention de la dynamo et des générateurs qui produisent notre électricité.

Tu peux aussi produire de l'électricité comme Michael Faraday.

ÉLECTRICITÉ EN SPIRALE

Il te faut : un tube en carton (10 cm de longueur), deux disques en carton, du fil, un détecteur de courant, un barreau aimanté, une boussole.

1 Colle un disque à chaque extrémité du tube pour faire une bobine.

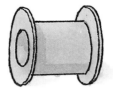

2 Enroule ton fil autour de cette bobine (200 tours).

3 Relie ce rouleau au détecteur de courant.

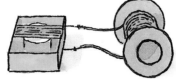

4 Fais passer le barreau aimanté dans le tube. Que fait l'aiguille de ta boussole ? Change-t-elle de direction quand tu fais rentrer et sortir l'aimant du tube ?

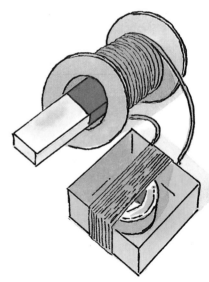

Dynamo de bicyclette

Sur beaucoup de bicyclettes, la lumière est produite par une dynamo simple ou générateur. Quand la roue tourne, cela fait tourner un aimant dans le rouleau de fil à l'intérieur de la dynamo. Cela fait circuler l'électricité et permet à la lumière de fonctionner.

Si tu regardes quelqu'un qui circule en bicyclette, tu verras que plus il va vite, plus la lumière est intense. Que se passe-t-il quand il s'arrête ? Pourquoi est-ce dangereux la nuit ou par temps de brouillard ?

MOTEURS ÉLECTRIQUES

Un moteur électrique transforme l'énergie électrique en une énergie de mouvement. Tu peux te fabriquer un petit moteur.

Il te faut: du fil de cuivre protégé (1 m), deux trombones, un élastique ou du ruban adhésif, une pile, un aimant, un gros crayon, de la pâte à modeler.

1 Enroule soigneusement le fil autour du crayon en laissant environ 5 cm de fil libre à chaque extrémité.

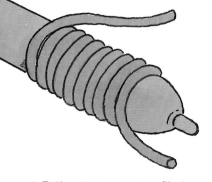

2 Enlève le crayon et enfile les extrémités libres de ton fil dans le rouleau pour éviter qu'il ne se défasse.

3 Tends les deux extrémités du fil et demande à un adulte d'enlever la protection.

4 Plie les trombones et fixe-les à la pile avec un élastique ou du ruban adhésif.

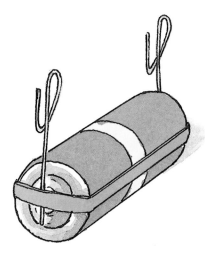

5 Colle deux gros morceaux de pâte à modeler de chaque côté de la pile pour qu'elle ne roule pas.

6 Pose le rouleau sur les trombones. Assure-toi que ce soit bien de niveau.

7 Tiens une extrémité de l'aimant près du rouleau et fais tourner ce dernier doucement. Il devrait ensuite continuer à tourner.

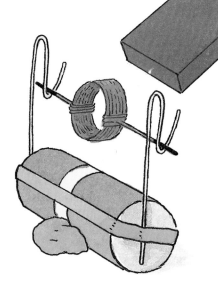

Les moteurs électriques sont propres et font peu de bruit. On les arrête et les met facilement en marche. Regarde à la maison et à l'école, vois-tu des moteurs électriques? Quel travail font-ils?

ÉLECTRICITÉ STATIQUE

Il existe une autre sorte d'électricité : l'*électricité statique*. Elle se produit quand on frotte certains matériaux ensemble. Les éclairs en sont un exemple que tu connais. Cette étincelle électrique géante se produit quand des gouttes d'eau et des grêlons d'un nuage d'orage se frottent les uns contre les autres.

As-tu jamais vu des étincelles minuscules ou entendu des petits craquements quand tu te déshabilles ? Cette électricité statique est produite par le frottement de tes vêtements. Il est bien facile pour toi de produire de l'électricité statique.

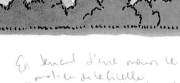

BALLONS COLLANTS

Peux-tu arriver à coller un ballon au mur sans te servir de colle ? Tout ce que tu dois faire est de le frotter avant sur de la laine. Ensuite tu le tiens près du mur. L'électricité statique le fera s'agripper au mur.

1 Attache deux ballons ensemble avec une ficelle. Frotte les deux ballons avec un tissu.

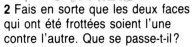

2 Fais en sorte que les deux faces qui ont été frottées soient l'une contre l'autre. Que se passe-t-il ?

Tu peux essayer avec deux ballons.

PEIGNE ÉLECTRIQUE

Il te faut: un peigne, du papier de soie, un vêtement de laine.

1 Quand tes cheveux sont secs et propres, peigne-les avec un peigne en plastique.

Maintenant regarde dans un miroir et approche ton peigne de tes cheveux. Tes cheveux se soulèvent-ils?

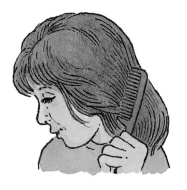

2 Coupe en petits morceaux le papier de soie. Frotte un peigne en plastique avec un vêtement de laine. Approche ensuite le peigne des bouts de papier. Qu'est-ce que tu vois?

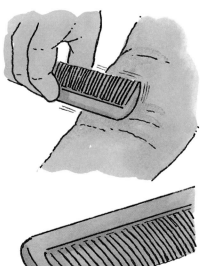

3 Frotte un peigne en plastique avec un vêtement de laine. Tiens ton peigne près d'un filet d'eau. Regarde attentivement ce qui se passe.

Ces expériences marchent parce qu'en frottant ton peigne tu le charges d'électricité statique. C'est ce qui attire les cheveux, le papier et le filet d'eau.

Matériaux statiques

1 Rassemble différents matériaux comme du papier, du bois, du caoutchouc, du verre et différentes sortes de plastique. Vérifie que tout soit bien sec.

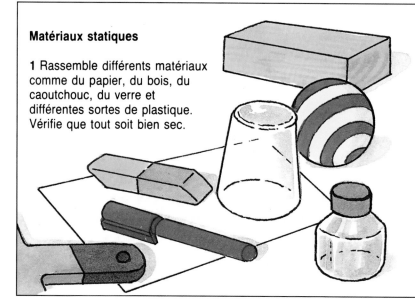

2 Frotte tous ces matériaux sur de la laine. Regarde ensuite lesquels attirent des petits bouts de papier.

Lequel est le meilleur conducteur d'électricité statique?

JOUETS ET JEUX

Tu peux t'amuser à inventer des maquettes et des jeux qui utilisent des circuits électriques.

MAQUETTE DE PHARE

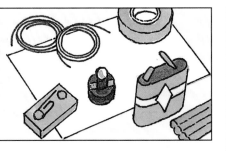

Il te faut : une ampoule avec support, un carton de 15 cm de long, deux longueurs de fil (30 cm chacune), une pile, un interrupteur, de la pâte à modeler, du ruban adhésif.

Les piles dureront plus longtemps si tu éteins la lumière quand tu ne t'en sers pas. Si une pile est usée, jette-la car elle peut couler et endommager tes maquettes.

1 Enroule le carton autour de la lampe et fixe-le avec du ruban adhésif.

3 Mets le tube debout et entoure la base de pâte à modeler pour le faire tenir.

4 Relie les fils à la pile et à l'interrupteur.

2 Attache les extrémités dénudées des fils aux vis du support de l'ampoule. Colle les fils au tube de carton.

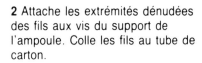

Tu peux peindre le phare et couvrir l'ampoule avec un petit pot ou une tasse en plastique transparent pour qu'il ait l'air vrai.

JEU DE LA MAIN SÛRE

Fabrique ce jeu pour tester tes amis et voir qui a la main sûre.

4 Cloue les extrémités de la vague sur un morceau de bois, en laissant 3 à 6 cm de libres à chaque bout.

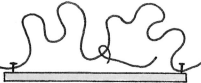

5 Relie une des extrémités dénudées du fil électrique plastifié le plus court à une des extrémités de la vague (**1**).

6 Relie l'autre extrémité du fil plastifié à une des vis du support de l'ampoule.

7 Relie la boucle à une des bornes de la pile en utilisant un fil long (**2**). Relie ensuite la pile et le support de l'ampoule par l'autre fil (**3**).

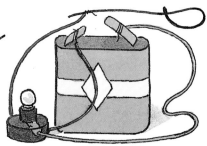

8 Si tu touches la vague avec le fil en forme de boucle, la lumière devrait s'allumer.

Il te faut : deux longueurs de fil de fleuriste (30 cm et 50 cm), trois fils électriques plastifiés (deux de 30 cm et un de 20 cm de longueur), une ampoule dans son support, une pile, un morceau de bois, des clous, des pointes.

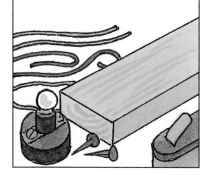

1 Plie le plus court des fils de fleuriste pour faire une petite boucle à une extrémité.

2 Plie l'autre fil en forme de vague. Essaie de bien arrondir les pliures.

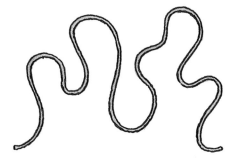

3 Enfile la vague dans la boucle.

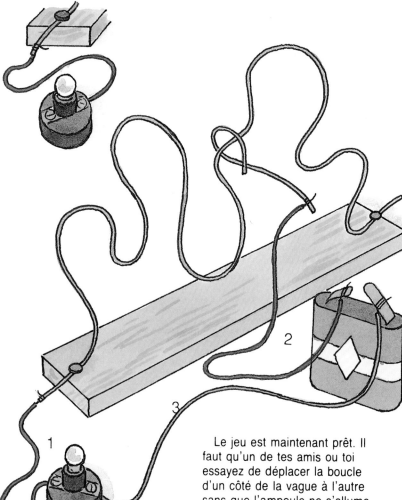

Le jeu est maintenant prêt. Il faut qu'un de tes amis ou toi essayez de déplacer la boucle d'un côté de la vague à l'autre sans que l'ampoule ne s'allume.

33

GLOSSAIRE

Voici le sens de quelques-uns des mots que tu as peut-être rencontrés pour la première fois dans ce livre.

AIMANT: morceau de fer ou d'acier qui en attire un autre.

AIMANT NATUREL: morceau de roche noire qui contient du fer. Il agit comme un aimant.

ATTIRÉ: quand deux ou plusieurs choses sont réunies par une force extérieure, on dit qu'elles sont attirées.

BORNE: partie de la pile, de la douille ou d'un autre circuit électrique où l'on peut faire une connexion.

BOUSSOLE: instrument avec une aiguille magnétique flottante qui indique toujours le nord.

CÂBLE: ensemble de fils électriques protégés par un tube en plastique.

CENTRALE ÉLECTRIQUE: grand bâtiment où l'on produit l'électricité.

CHAMP MAGNÉTIQUE: espace autour d'un aimant où l'on peut ressentir ses effets.

CIRCUIT: chemin emprunté par l'électricité pour circuler le long des fils et des connexions. Si le circuit est interrompu, l'électricité ne circule plus.

CONDUCTEUR: matériau qui laisse circuler l'électricité.

COURANT: flot d'électricité dans un fil ou dans un autre conducteur.

DYNAMO: machine qui génère, produit l'électricité.

ÉLECTRICITÉ: forme d'énergie utilisée pour s'éclairer, se chauffer et faire fonctionner les machines.

ÉLECTRICITÉ STATIQUE: électricité formée par le frottement des surfaces de matériaux qui ne sont pas conducteurs.

ÉLECTRO-AIMANT: barre de fer, entourée par un rouleau de fil, agissant comme un aimant quand l'électricité passe dans le fil.

FILAMENT: fil très fin de l'ampoule, qui chauffe et se transforme en lumière quand un courant électrique le traverse.

FORCE MAGNÉTIQUE: force qui attire deux objets ou plus les uns contre les autres.

FUSIBLE: dispositif contenant un petit fil qui fond si le courant est trop fort. Cela coupe le circuit électrique et arrête la circulation de l'électricité.

GÉNÉRATEUR: machine produisant de l'électricité.

INTERRUPTEUR: dispositif utilisé pour mettre en marche ou arrêter l'électricité.

ISOLANT: matériau empêchant l'électricité de circuler.

MAGNÉTISME: caractéristique du fer, de l'acier et de certains autres métaux qui fait qu'ils attirent ou repoussent un morceau de fer.

MAGNÉTISÉ: objet qui devient magnétique après avoir été près d'un aimant.

PILE: petit système qui fabrique et emmagasine de l'électricité.

PÔLE: chacune des extrémités de l'aimant. Le Pôle Nord et le Pôle Sud sont sur Terre les deux points les plus éloignés de l'équateur.

REPOUSSER: contraire de s'attirer. Se pousser ou se détourner de quelque chose.

RÉSISTANCE: quelque chose qui agit contre le courant électrique et le ralentit.

TURBINE: grande hélice qui tourne quand l'eau ou la vapeur passent au travers. À son tour, elle met en route le générateur.